# EINFACH OBEN

## DAS ALLGÄU AUS DER VOGELPERSPEKTIVE

Fotografien von Adi Geisegger

EDITION ALLGÄU

EAZY

Unser Planet ist unser Zuhause,
unser einziges Zuhause.
Wo sollen wir denn hingehen,
wenn wir ihn zerstören?

DALAI LAMA, INTERVIEW MIT FRANZ ALT, 2004

# VORWORT

Wolken, Wasser, Sonne und Berge: All diese Elemente stehen in direkter Verbindung miteinander, sie bilden den Kreis des Lebens. Wolken, aus denen es regnet, verändern unsere Berge. Aus ihnen wiederum entspringen die Flüsse, die unsere Täler geformt haben.

Iller, Wertach und Lech – sie alle prägen und verändern unsere Landschaft bis heute. Das ideale Klima im Allgäu ist verantwortlich für unsere grünen Wiesen im Sommer beziehungsweise für die schneebedeckten Flächen und Berge im Winter. Der Mix aus Sonne und Regen in Kombination mit dem mineralhaltigen Gestein lässt im Allgäu eine Vegetation und Artenvielfalt entstehen wie sie im gesamten Alpenraum einmalig ist.

Schon am Boden beeindruckt diese Landschaft ihren Betrachter. Doch erst der Blick von oben zeigt die Schönheit dieser Natur, die manchmal im Verborgenen liegt.

Wie entstehen gute Luftaufnahmen, die diese verborgene Schönheit der Landschaft zeigen?

Sehr oft führt mich mein Bauchgefühl an die richtige Stelle. Die Faszination und Emotion lässt mich dann im richtigen Moment den Auslöser drücken. Das Zusammenspiel aus Licht, Farben und Strukturen verbinde ich im Motiv mit dem Gleitschirm, der als zentraler Baustein das Größenverhältnis zwischen Mensch und Landschaft erkennen lässt.

Das Ziel, das ich mit meinen Bildern verfolge, ist es, den Menschen zu zeigen, wie schön und vielfältig unsere Natur sein kann.

Nur wenn es uns gelingt, die Erde zu erhalten und zu respektieren, dann haben auch die nächsten Generationen eine Zukunft.

Dieses Buch widme ich meinem Sohn

VINCENT

# ÜBER DEN WOLKEN

Drei Schritte und ich hebe ab. Mein Schirm und ich steigen auf in dieses Grau in Grau, Richtung Wolkendecke. Nun ist es soweit: Die ersten Wolkenfetzen ziehen an der Kappe vorbei. Doch plötzlich, meistens gar unerwartet, bricht das Licht durch dieses grauweiße Wolkenmeer, ein Loch öffnet sich.

Dann geht es Schlag auf Schlag – die ersten blauen Löcher öffnen den Blick zum Himmel. Die noch eben grauen Wolken nehmen Gestalt an und es fühlt sich an, als wäre man in eine andere Welt eingetaucht.

Die Wolkentürme erinnern an Fabelwesen aus einem Märchen. Wir fliegen durch sie hindurch, berühren sie nur mit unserer Flügelspitze, oder fliegen durch einen Canyon geformt aus Wolken. Man wird sich währenddessen bewusst, dass in diesen Wolken die Energie und das Leben der Erde steckt, speichern sie doch unser Wasser, das uns schon seit Anbeginn der Zeit umgibt und das schon Generationen vor uns getrunken haben.

Gestaltet von der Atmosphäre und geformt durch den Wind, stehen die Wolken niemals still. Wie alles auf unserem Planeten sind auch die Wolken ein wichtiger Bestandteil unseres Lebenskreises.

Umso mehr genießen wir ihn, diesen Kindheitstraum: Über den Wolken zu schweben und mit ihnen zu tanzen, um sie zu kreisen und sie nur hin und wieder mit den Füßen zu berühren. Die Vorstellung, wie viele Wassertropfen in ihnen gespeichert sind und welches Gewicht sie tragen, lässt mich in solchen Momenten nicht mehr los und erweckt in mir das Gefühl klein zu sein.

Optimismus ist die Fähigkeit,
den blauen Himmel
hinter den Wolken zu ahnen.

MADELEINE ROBINSON (1917 - 2004), SCHAUSPIELERIN

Sonnenuntergang über
dem Wolkenmeer.
Tief unter uns ist der Tag
schon lange zu Ende.

Abfließende Wolken am Rottachberg,
im Hintergrund der Grünten
(1.737 Meter über dem Meer).

Über dem Wolkenmeer, im Hintergrund der Alpenhauptkamm mit den Gipfeln: Weißkugel, Hochvogel, Hoher Riffler, Mädelegabel (v.l.). Einige Wolkenlöcher helfen uns, nicht die Orientierung zu verlieren.

Kurz vor Sonnenaufgang: Unter den Wolken verbirgt sich das noch schlafende Immenstadt. Im Westen zeichnen sich schon die Spektralfarben ab. In Kürze wird hinter uns die Sonne am Horizont erscheinen.

Zwischen den Wolken ein kurzer Blick auf Rettenberg. Der Schatten des Fotografen bricht das Licht auf der Wolkendecke.

Blick Richtung Westen: Im Vordergrund ist der Rottachberg und im Hintergrund das Boschwerk bei Seifen gut zu erkennen.

Ein Spiel der Farben im Sommer, wenn die Felder bei Konstanz im satten Grün stehen und die ersten Wolkenfelder sich gerade auflösen.

Auf über 3.000 Metern vor den Sonnenköpfen.
Das Fliegen zwischen den Wolken lässt mich in solchen Momenten begreifen, wie klein wir sind im Verhältnis zur Energie, die in der Natur gespeichert ist...

Hoch über dem Alpsee.
Kurzer Blick durch die Wolken
auf den Gipfel des Grüntens.

Nebelstimmung bei Sigishofen.

Blick Richtung Oberstdorf.

Herbstnebel über dem Alpsee. Am Horizont der Hündleköpf mit seinem Nachbarn, dem Staufen.

Uferbereich des Alpsees.

Der Hochvogel, einer der höchsten Berge
des Allgäus, ragt noch aus den Wolken.
Zwischen den Wolken über dem Hornbachtal.

Im Tal ein grauer Frühwinter-Tag, darüber Sonnenschein pur. Blick Richtung Westen: Im Vordergrund der Grünten, im Hintergrund der Säntis in der Schweiz.

Mystische Wolkenschleier am Hochvogel

(2.592 Meter über dem Meer).

Der Biberkopf (2.599 Meter über dem Meer)
im letzten Abendlicht

So viel sich auch um und in mir ändre:
Dieselbe Sonne, die mich als Kind bestrahlte,
sieht unverändert mich jetzt an.

JEAN PAUL (1763 - 1825), SCHRIFTSTELLER

# SONNE

Während die letzten Nebelbänke über das noch schlafende Allgäu ziehen, legen wir unsere Schirme aus. Die ersten Sonnenstrahlen streichen schon zart über die höchsten Gipfel der Allgäuer Bergwelt.

Das Gefühl, bald selbst einen Sonnenaufgang zu erleben, in einer Umgebung, in der sich ansonsten kein Objekt der Sonne und dessen Licht entgegenstellt, lässt das Herz schneller schlagen. Die Spannung vor dem Abheben in die andere Welt lässt das frühe Aufstehen und die Vorbereitungen schnell vergessen.

Nach wenigen Minuten ist es so weit: Die ersten Strahlen berühren unsere Schirme, sie wärmen unsere Gesichter und wir sind ganz sicher, dass es ein Geschenk ist solche Momente zu erleben und mit Freunden teilen zu können.

Die Vorstellung, dass dieser Stern 149,6 Millionen Kilometer von uns entfernt ist und das Licht, das ich mit meiner Kamera festhalte, vor über 8 Minuten jene Reise begann, um in einem Bruchteil einer Sekunde diese Bilder festzuhalten, lässt mich die Grenze zwischen Zeit und Raum für einen kurzen Moment vergessen.

Dennoch gleicht kein Sonnenaufgang dem nächsten und der Moment, in dem das Licht die Landschaft berührt, ist wohl für jeden Fotografen ein besonderer Moment, ist doch das Licht für den Fotografen erst das Werkzeug für seine Bilder wie des Malers Farben, die erst ein Bild entstehen lassen.

Der Sonne am Abend, in der kalten Winterluft, entgegen zu fliegen ist ein besonderes Gefühl. Sie wärmt in diesem Moment nicht nur den Körper, sondern auch die Seele. Die Sicht reicht bis zum Säntis und noch weiter.

Sonnenaufgang über Rettenberg. Im Vordergrund der Grünten, im Hintergrund reicht der Blick bis zum Widderstein im Kleinwalsertal.

Nebel und Wolkenstimmungen am Niedersonthofener See. Sonnenaufgang über dem Allgäuer Hügelland, im Hintergrund die Orte Seifen und Stein.

Sonnenaufgang über Martinszell.

Die Kirche St. Martin zwischen den Wolken.

Niedersonthofener See kurz nach Sonnenaufgang.

Die ersten Sonnenstrahlen brechen

sich im Morgendunst unter uns.

Über den Grünten geht es

mit Rückenwind Richtung Osten.

Sonnenaufgang am Oberjoch. Die ersten Strahlen brechen durch die Wolkendecke und beleuchten den Sorgschrofen (1.643 Meter über dem Meer).

Flug Richtung Osten bei Sonnenaufgang,

im Hintergrund der Grüntensee.

Sonnenaufgang bei Stein am Rhein.

Blick zurück ins weit entfernte Allgäu.

Hoch über dem Tannheimer Tal,
im Hintergrund das Zugspitzmassiv.

Morgennebel bei Sonnenaufgang am Rottachspeicher.
Der Sonne zuzusehen, wie sie am Horizont erscheint,
ist immer wieder ein erhabenes Gefühl.

Sonnenuntergang über Bad Hindelang. Blick
Richtung Hörnergruppe und Ofterschwang.

Über dem Kleinwalsertal. Blick Richtung Westen

# WASSER

Wolken, Seen und Flüsse: Alle sind sie Speicher und Transportmittel für unser wichtigstes Lebenselixier – das Wasser. Das Allgäu zählt wohl zu den niederschlagsreichsten Regionen Deutschlands. Durch die Topografie zwischen flachem Hügelland und sehr hohen Bergen ergibt sich ein eigenes Mikroklima. Wohl keine andere Gegend in Deutschland hat so viele unterschiedliche Jahreszeiten wie das Allgäu.

Als ich vor 8 Jahren von Tirol ins Allgäu gezogen bin, sagte mir ein Urallgäuer ironisch: »Dieses Jahr ist der Sommer auf einen 11. August gefallen.« Damals konnte ich mit dieser Aussage noch wenig anfangen. Doch heute verstehe ich, dass er damit die wechselhaften Allgäuer Wetterphänome gemeint hat.

Die Vorteile dieses wechselhaften Wetters liegen wohl klar auf der Hand – die Wiesen im Frühjahr, wenn der Löwenzahn das Allgäu in ein atemberaubendes gelbes Blumenmeer verwandelt, der nahtlose Übergang zu den saftig grünen Wiesen im Sommer als Grundlage für die Landwirtschaft, und natürlich die tollen schneereichen Winter als Grundlage für den Tourismus in den Skigebieten. All diese Facetten hängen maßgeblich von der Menge des Niederschlags ab. In den warmen Jahreszeiten in flüssiger Form und in den kalten Jahreszeiten in fester Form. Bei meinen Flügen bin ich immer wieder auf der Suche nach Motiven, die den Betrachter im ersten Moment zum Rätseln bringen.

Speziell die Fluss- und Seenlandschaft im Allgäu bietet mir in dieser Richtung sehr viele Möglichkeiten. Die Flüsse und Seen bieten Strukturen aus der Luft, die man sich vom Boden aus nur schwer vorstellen kann.

Oft erinnern die Strukturen der Flüsse an die Lebensadern unseres Körpers, wie schon Thales von Milet sagte:

»Das Prinzip aller Dinge ist Wasser; aus Wasser ist alles, und ins Wasser kehrt alles zurück.«

So kehre auch ich immer wieder zu Iller, Rottachspeicher, Alpsee, Forggensee und Grüntensee zurück, auf der Suche nach grafischen Motiven, die oft eine Struktur aus Formen und Linien bilden, wie nur die Natur im Stande ist, sie in die Landschaft zu zeichnen. Speziell im Winter, wenn die Temperaturen um den Jahreswechsel deutlich unter den Gefrierpunkt fallen, breche ich auf, um die Eisstrukturen auf den Seen festzuhalten. Der genaue Zeitpunkt ist in diesem Moment sehr wichtig, sind doch die Eisstrukturen am nächsten Tag verschwunden, wenn die Temperatur sich etwas verändert oder der Wind den

Das Prinzip aller Dinge ist Wasser;
aus Wasser ist alles,
und ins Wasser kehrt alles zurück.

THALES VON MILET ( UM 625-545 V. CHR. ),
GRIECHISCHER PHILOSOPH UND MATHEMATIKER

Schnee über den See geblasen hat. Dick eingepackt mit mehreren Bekleidungsschichten, sind trotzdem nur maximal 2 Stunden Flugzeit zu ertragen, da bei Temperaturen um die minus 20 Grad auch die noch so gute Bekleidung bei 40 km/h Fahrtwind an ihre Grenzen stößt.
Meistens ergibt sich an solchen Tagen dann noch die Möglichkeit einen Moment in die Bergwelt einzutauchen und die verschneiten und vom Schnee geformten Grate und Kämme zu bewundern. Der Baumeister Wind zeigt uns dann auf sehr eindrucksvolle Art, wie er den Schnee verformen und transportieren kann.

In großer Höhe ist es dann noch deutlich kälter als in tieferen Lagen und so sind auch diese Momente leider irgendwann vorbei und wir kehren zu unserem Flugplatz zurück. Kurz vor der Landung mussen allerdings erst schnell noch einmal die Füße bewegt werden, um nach dem Aufsetzten mit den eingefrorenen Beinen nicht ins Fallen zu kommen.
Umso mehr haben sich dann aber bei einem warmen Kaffee am Flugplatz diese Momente, im wahrsten Sinne des Wortes, in unseren Köpfen festgefroren.

Einsames Boot frühmorgens
bei Windstille am Bodensee.

Frühjahrsstimmung am Alpsee. Die Wolken spiegeln sich auf der Wasseroberfläche.

Der Grüntensee
mit seinen schönen,
unbebauten
Uferbereichen
im Morgenlicht.

Alpenpanorama mit Tegelberg und Säuling am Forggensee bei Füssen. Dazwischen das Schloss Neuschwanstein.

Im Winter wird das Wasser des Forggensees abgelassen. Übrig bleibt ein faszinierendes Farben- und Formenspiel des Untergrundes.

Uferstrukturen des Forggensees bei Sonnenuntergang.

Forggensee im Abendlicht,
im Hintergrund Schloss Neuschwanstein.

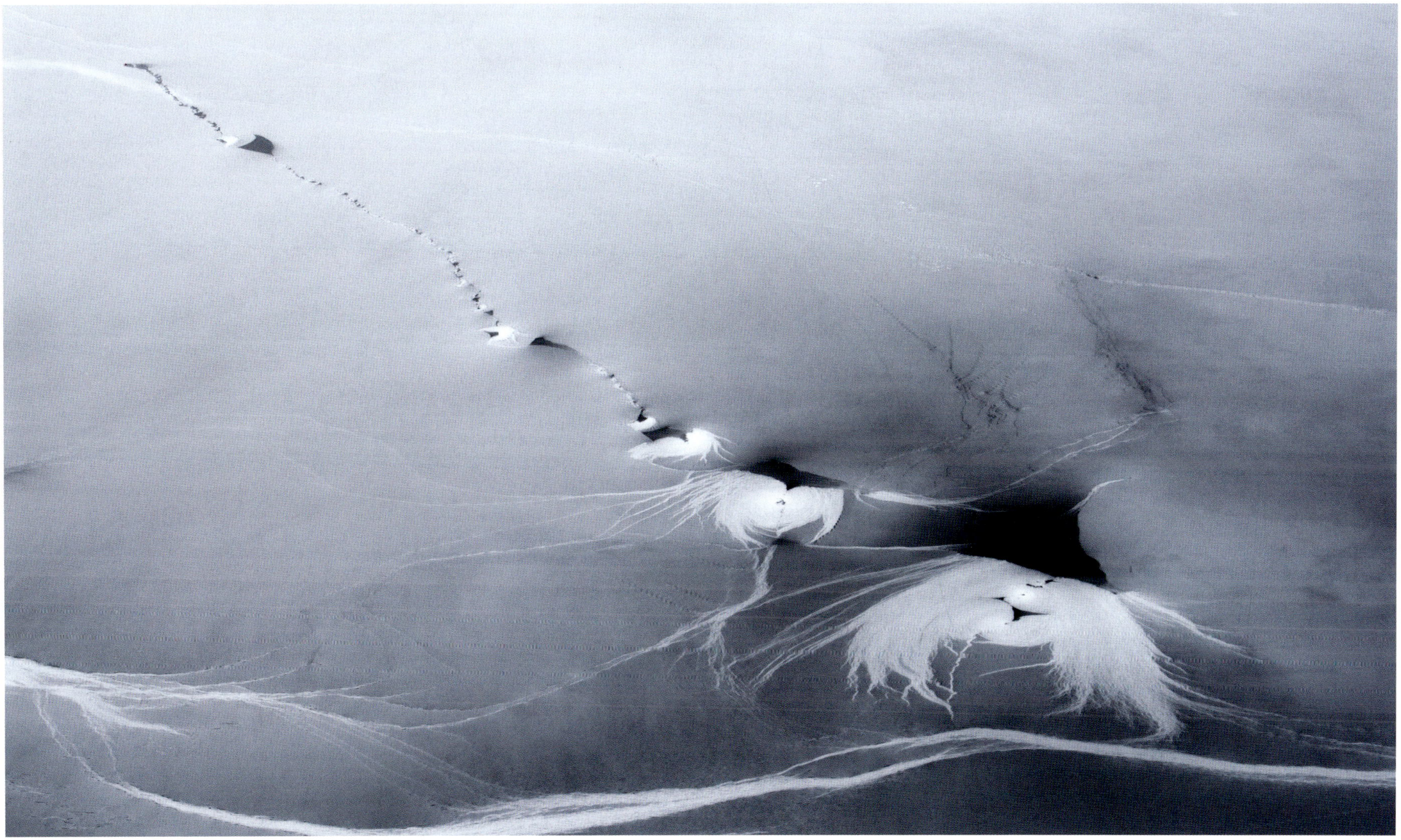

Eisstrukturen am Rottachspeicher.

Die drei verborgenen Eishexen vom Rottachspeicher.

Winterlandschaft am zugefrorenen Rottachspeicher.

Abendsonne
über der Insel Mainau
am Bodensee.

Die Liebesinsel in karibischen Farben

im Sommer am Bodensee.

Die Liegeplätze der Segelboote sind verantwortlich

für das kreisrunde Muster am Untergrund.

Paradiesische Farben über der Halbinsel Mettnau am westlichen Ende des Bodensees.

EAZY

Fern von der Heimat: Die Rheinfälle mit Schloss Laufen bei Schaffhausen. Bei mittlerer Wasserführung des Rheins stürzen im Rheinfall 373 Kubikmeter Wasser pro Sekunde über die Felsen.

Kapelle der Insel Werd bei Stein am Rhein.

Sonnenaufgang hoch über dem Lechtal.

Strukturen des Lechs. Wie die Lebensadern in unserem Körper zieht der Lech seine Spuren durch das Tal.

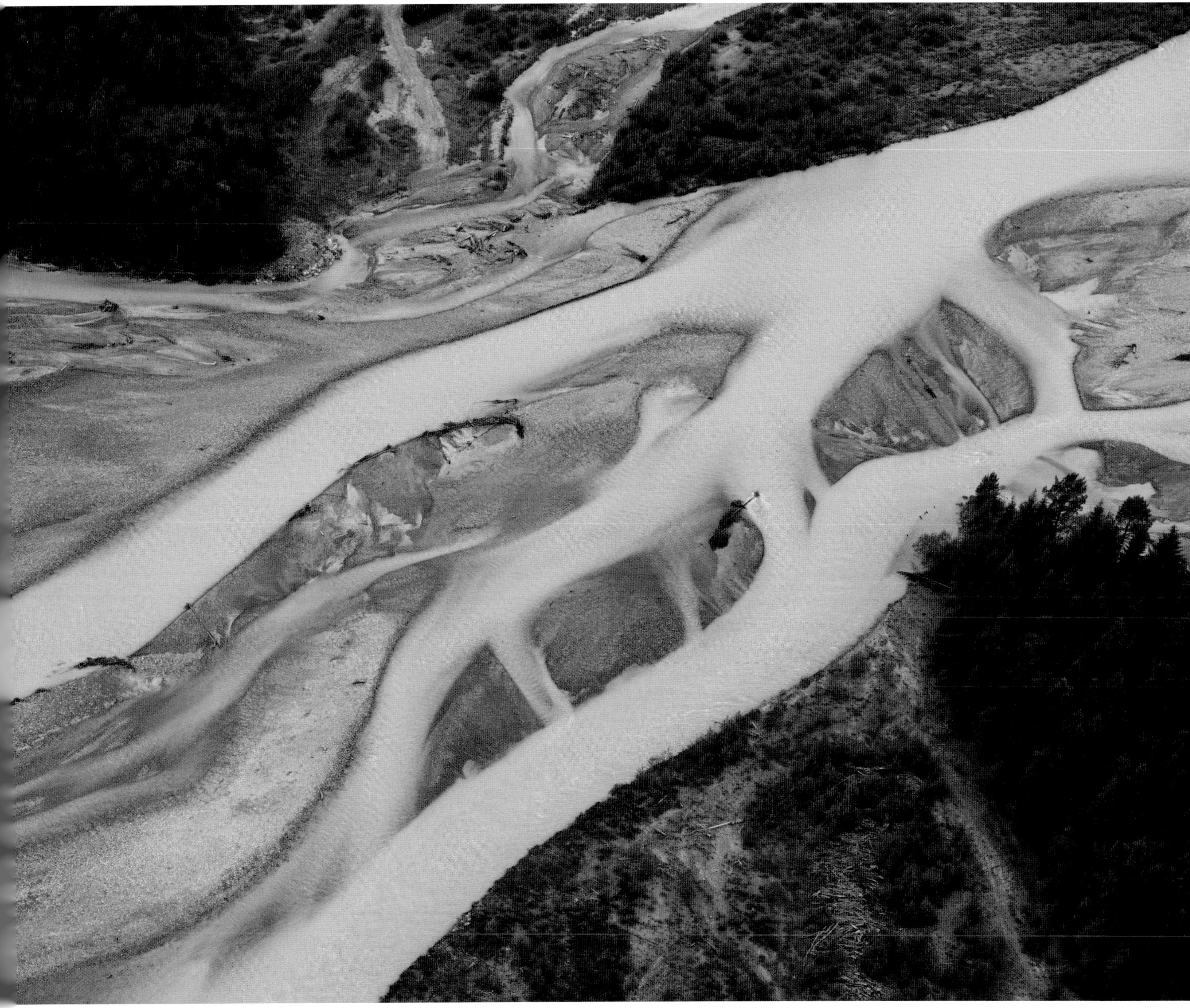

EAZY

Landsberger Hütte mit Traualpsee und Lache.

Demut gebietend und erhebend zugleich,
kaum etwas in der Natur
flößt uns soviel Ehrfurcht ein
wie der Anblick von Bergen.

KOFI ANNAN (* 1938), GHANAISCHER DIPLOMAT

# DIE BERGE...

Das Meer aus Luft, das uns beim Fliegen umgibt, ist unsichtbar. Es hat wohl daher sehr viel Ähnlichkeit mit den Urmeeren, die einst die Erde bedeckten. Das Wasser, das unseren Planeten umgab, veränderte unsere Landschaft wie kaum ein anderes Medium. Vor circa 200 Millionen Jahren wären wir mit unseren Schirmen über ein Urmeer geflogen, das für die Entstehung unseres Allgäuer Hauptkamms verantwortlich ist.

Heute ist das Meer längst verschwunden, und so fliegen wir über Mädelegabel, Hochvogel, Trettach, Rubihorn und Nebelhorn. Sie alle entstanden im Zeitalter des Trias vor circa 160 Millionen Jahren, als der Kontinentaldrift unsere Berge erschuf und den Meeresgrund anhob. Aus der Luft sind die Berge ein offenes Buch. Wenn man sie geologisch betrachtet, sieht man an den Formen der Grate und Platten noch sehr deutlich, welche Kräfte einst diese Berge empor hoben. Allen voran das Gottesacker Plateau, das einem das Gefühl gibt, über den Grund des Urmeeres zu fliegen. Wer die Perspektive ändert, der sieht die Dinge in einem anderen Licht – das trifft wohl auf das Fliegen in den Bergen am besten zu. Wenn frühmorgens oder spätabends die Sonne im Tal auf- oder untergegangen ist, dann ist es am schönsten, hoch oben in den ersten beziehungsweise letzten Sonnenstrahlen in ruhiger Luft entlang des Hauptkamms zu gleiten und der Sonne dabei beim Auf- oder Untergehen zuzusehen.

Die Wände und Gipfel strahlen dann in einem ganz besonderen Licht, die noch so kleinste Struktur wird sichtbar und alles wirkt fast surreal. Es ist vergleichbar mit einem Spinnennetz, das erst im richtigen Licht vollkommen wird! Wenn dann nach Sonnenuntergang der Mond am Horizont erscheint und die Spektralfarben den Himmel in eine Mischung aus Blau und Rosa färben, lässt man sich in diese Stille der Berge fallen, in der man niemals alleine ist.

Im Jochbachtal, im Hintergrund der Hochvogel.

Frühmorgens hoch über dem Allgäu, im Hintergrund der Forggensee und rechts von uns der Gipfelaufbau der Roten Flüh (2.108 Meter über dem Meer).

Hoch über dem Iseler (1.876 Meter über dem Meer)
am Oberjoch.
Von rechts: Die Sonnenköpfe, das Rubihorn
und das Nebelhorn mit dem Hindelanger Klettersteig
und dem Großen Daumen. Am Horizont reicht der Blick
bis zur Trettachspitze (2.595 Meter über dem Meer).

Frühwinter im Tannheimer Tal: Vorbeiflug am Gipfel des Sorgschrofens, oberhalb von Jungholz.

Schnee und Eisstrukturen am Schrecksee im Hinter-
steiner Tal: Der Frühling naht. Das Eis bildet sich zuerst
am Ufer zurück, bevor es den restlichen See preisgibt.

Am Grat zum Hochvogel in der Abendsonne.

Traumlicht am Hochvogel (2.592 Meter über dem Meer), im Hintergrund der Alpenhauptkamm.

Sonnenuntergang am Grünten
in einer bitterkalten Januarnacht.

Blaue Stunde in den Allgäuer Bergen bei Vollmond.

Links im Bild der Hochvogel (2.592 Meter über dem Meer).

Abendlicher Winterflug Richtung Trettachspitze

(2.595 Meter über dem Meer).

Direkt über der Trettachspitze.

Über dem Gipfel des Hohen Ifen
(2.230 Meter über dem Meer).
Das Gottesacker Plateau mit der Gottesackerwand im
Vordergrund und dem Hohen Ifen im Hintergrund.

Felswände zwischen den Wolken im Hintersteiner Tal.

Gipfelkreuz des Lahnerkopfs (1.988 Meter über dem Meer).

Auffaltungen am Wiedemeerkopf

(2.163 Meter über dem Meer).

Nach einer regenreichen Nacht: Die Rappenseehütte
mit markantem Wasserfall.

Der Rappensee tief eingebettet zwischen Rotgundspitze,

Hochgundspitze und Rappenseekopf (v.l.).

Schrecksee im Hintersteiner Tal

Krönender Abschluss des Trettachtales mit Kratzer (2.428 Meter über dem Meer), Mädelegabel (2.644 Meter über dem Meer) und Trettachspitze.

Märchenwiese im Trettachtal, im Hintergrund der Muttlerkopf (2.366 Meter über dem Meer).

Mädelejoch, der tiefste Übergang ins Lechtal.

Der Mond ist unser ständiger Begleiter wenn es spät wird bei unseren Flügen.

Flug Richtung Westen: Im Hintergund der Säntis, links im Bild der Hochgrat (1.834 Meter über dem Meer).

Nagelfluhkette im Abendlicht. Im Hintergrund der Grünten und in der Ferne reicht der Blick bis zur Zugspitze.

EAZY

Abendflug am Grünten. Diesmal ist unser Antrieb die Thermik, die uns spät am Abend noch einen genüßlichen Flug schenkt. Der Grünten mit dem Jägerdenkmal ist wohl einer der meistbesuchten Gipfel des Allgäus.

# DER AUTOR UND FOTOGRAF

Adi Geisegger, geboren am 24.10.1975 in Hall in Tirol, arbeitet als freier Fotograf und Kameramann im In- und Ausland. Das Fotografieren entdeckte er schon in seiner Kindheit. Seine ersten Luftaufnahmen entstanden im Alter von 14 Jahren. Die Kamera befestigte er damals an Fesseldrachen, und mit einer selbst gebastelten Auslösevorrichtung schoß er mit dieser Technik seine ersten Luftbilder. Doch vor über 20 Jahren beschloss er, das Gleitschirmfliegen zu erlernen. Die Möglichkeiten, mit diesem Fluggerät die Landschaft von oben festzuhalten, begeistern ihn bis heute.

Vor circa 8 Jahren, als er ins Allgäu zog, entdeckte er die neue Landschaft zuerst aus der Vogelperspektive. Sie auf diese Art zu erkunden und auf Bildern festzuhalten, wurde zu seiner Leidenschaft. Die Erkundungsflüge brachten ihn in die hintersten Täler des Allgäuer Hauptkamms, doch auch das Flachland mit seinen Flüssen und Seen zog den gebürtigen Tiroler magisch an.

Als naturverbundener und geerdeter Mensch zeigt Adi Geisegger in diesem Buch Bilder vom Allgäu, die so wohl vorher noch nie jemand gesehen hat. Die unterschiedlichen Perspektiven und Lichtstimmungen sind es, die das Unsichtbare in seinen Bildern sichtbar werden lassen. Gleichzeitig sollen seine Aufnahmen uns daran erinnern, wie wichtig es ist, die Natur für unsere Zukunft zu erhalten.

# VIELEN DANK...

...für die Umsetzung des Buches an

die Piloten/ Innen:

Melanie Weber
Philipp Wagner
Wolfgang Hogen
Markus Milz
Martin Gostner

meine Freunde:

Stephan Martin Vulgo »Bibi«
Thomas Defner
Hans Gasser
Flugplatz Agathazell

meine technischen Partner:

Miniplane Paramotor: Diego Cecchetto / Matteo Asnicar
Nikon Deutschland: Michael Ramroth
Haglöfs: Herbert Horelt / Peter Lang
Airdesign: Martin Gostner
Nova Paragliders: Robert Kleinhans
Advance: Simon Campiche
BGD Gliders: Bruce Goldsmith

Wer die Perspektive ändert,
sieht die Dinge
in einem ganz anderen Licht

ENGELBERT SCHINKEL (*1959)

# IMPRESSUM

EDITION ALLGÄU
im Verlag HEPHAISTOS
Lachener Weg 2
D-87509 Immenstadt-Werdenstein
www.edition-allgaeu.de

Herausgeber:
Peter Elgaß

Fotografie:
Adi Geisegger
www.adigeisegger.com

Texte:
Adi Geisegger

Gestaltung:
Ramona Klein

Lektorat:
Claudia Schöwe

Druck und Bindung:
Kösel GmbH & Co. KG
D-87452 Altusried-Krugzell
www.koeselbuch.com

Gedruckt wurde auf »Dacostern« 170 g/m², holzfrei, weiß mattes Bilderdruckpapier mit mineralölfreien Farben auf Basis nachwachsender Rohstoffe der Huber Group.

ISBN: 978-3-95805-022-8